Elisabeth Bond

Der Schlafende Riese erwacht

Licht im Gehirn

LOKWORT

Dieser Band erscheint in der Reihe «Dimensionen»;
weitere Titel sind geplant.

Lokwort im Internet:
www.lokwort.ch

Umschlagbild von Elisabeth Bond
Lektorat: Charlotte van Stuijvenberg, Zollikofen
Layout: AVD Bern, Claudia Wälchli
Druck: Sonnenschein, Hersbruck

ISBN 3-906786-72-2

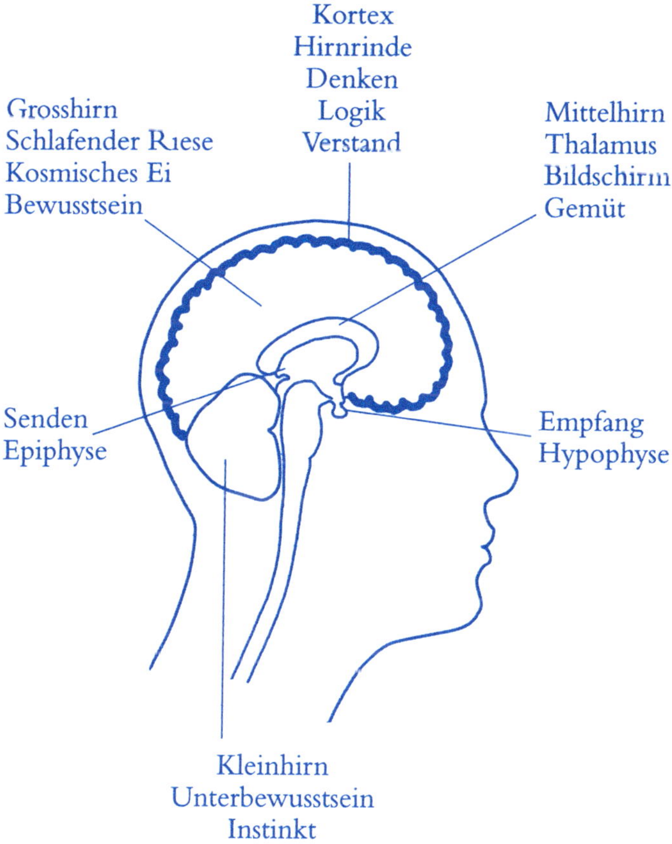

Kortex
Hirnrinde
Denken
Logik
Verstand
Grosshirn
Schlafender Riese
Kosmisches Ei
Bewusstsein
Mittelhirn
Thalamus
Bildschirm
Gemüt
Senden
Epiphyse
Empfang
Hypophyse
Kleinhirn
Unterbewusstsein
Instinkt

Denken ist einfach. Nicht zweifach.
In Deinem Kopf hat nur ein Gedanke Platz.
Entweder ist er aufbauend. Oder er ist zerstörend.
Entweder ist er für das Licht oder gegen das Licht.
Beides zusammen geht nicht.

Im Jetzt kann sich nur ein Gedanke manifestieren. Nur ein einziger Gedanke. Mit dieser polaren Gesetzmässigkeit erlebt jeder Mensch den Augenblick, ob er sich nun darüber bewusst ist oder nicht. Vielleicht ist er davon überzeugt, dass er nicht logisch oder nicht intuitiv denken kann. Oder ihm scheint, dass in seinem Kopf Hunderte von Gedanken herumschwirren, die sich verirren, die ihn verwirren und zweifeln lassen. Nimmt er sich jedoch die Mühe, sein Denken genauer zu beobachten, dann wird ihm klar, dass dem nicht so ist. Ein Gedanke ist da, ist immer da, ist einfach da. Wir denken konstant, auch in tiefster Meditation, und können das Denken gar nicht abschalten, solange wir in einem Körper leben, solange das Gehirn lebendig ist. Was wir dabei tun können, ist, uns selber in eine hoch oder in eine tief schwingende Frequenz zu versetzen, so dass dieser Eine Gedanke entsprechend schnell oder langsam vibriert und dann vielleicht nicht im rationalen Verstand, sondern als Bild oder als Stille im Grosshirn wahrgenommen wird. Sind wir zum Beispiel in tiefer Meditation versunken, dann befinden wir uns an einem inneren Ort, der mit dem dreidimensionalen Alltag nichts zu tun hat, so dass der Eine Gedanke automatisch still und göttlich ist. Dieser Eine Gedanke in unserem Denken ist also immer da. Und bereits der zweite Gedanke wird wieder zum ersten und somit zum Einen. Wie kommt nun dieser Eine Gedanke, der Information transportiert, in den menschlichen Kopf, aus welcher Quelle fliesst er ins Gehirn, in dieses phänomenale, supermentale menschliche Instrument zum Erschaffen?

Vielleicht kommt er aus der kleinen Ich-Quelle – dem Ego.
Oder er stammt aus der Du-Quelle – der Seele.
Und im besten Fall fliesst er aus der Wir-Quelle, aus der einen Quelle, aus dem göttlichen Licht, aus dem alles seinen Ursprung nimmt – dem Geist.

Das menschliche Denken findet auf verschiedenen Ebenen statt und fliesst über drei Hauptströme ins Gehirn:

- Da ist der Strom des *Körperdenkens*, der sich aus dem Instinkt über das *Kleinhirn* in den Verstand hinein ergiesst. Beim Körperdenken (und da sind vor allem der physische, der ätherische und der emotionale Körper gemeint) geht es um die materielle Existenz, um das Ego, um das Überleben in der Inkarnation. Alles dreht sich um das eigene menschliche Dasein, dreht sich um Sicherheit und Vergangenheit. Die physischen Körperzellen erinnern sich an frühere Leben, erinnern sich über die Gene an Familiengeschichten und senden entsprechende Bilder ans Gehirn. Und damit gestaltet sich dann der jeweilige Alltag, der vor allem auf der bioelektromagnetischen Frequenz des Planeten vibriert.

- Der Strom des *Herzensdenkens* schwingt auf einer schnelleren Frequenz, schwingt auf der Seelenebene. Er fliesst über eine andere Gehirnzentrale als das Kleinhirn, nämlich über das *Mittelhirn*, den *Thalamus*, in den Verstand. Aus der Mitte des Kopfes heraus wird dann die Sicht des Lebens bestimmt. Die Seele bedient sich hier auch der fünf Körper-Sinne als Informationsquelle, die über das elektromagnetische Feld der Materie Bilder reflektieren. Über diese fünf Sinne kann die Seele die polare, materielle Welt erfahren, die äussere Welt, nimmt Impulse auf, die an das Gehirn weitergeleitet werden. Wir sehen mit den Augen, hören mit den Ohren, schmecken, tasten, riechen. Sehen wir ein Bild, zum Beispiel das Fliegen eines Vogels, dann meldet der Augensinn, der Gesichtssinn, diese Information ans Mittelhirn weiter. Und dieses wandelt die Information um, damit der Verstand sie versteht und der Vorgang dem menschlichen Leben nützen wird. Von dem Moment an, wo die Augen das Bild erfassen, bis zu dem Moment, wo die Information das Gehirn erreicht und sie verstanden wird, vergeht eine gewisse Zeit. Die Wissenschaftler nennen das verlorene Zeit. Doch auf diesem Planeten geht nie etwas verloren, niemals. So hat jeder seine individuelle Zeit, sein Tempo, von dem Moment an, wo die Sinne etwas aufnehmen, bis zu dem Punkt, wo der Impuls im Gehirn ausgewertet wird. Die einen sind die schnellen Denker, die andern die langsameren, was ganz genau so sein muss. Dieses individuelle Tempo ist eine Schutzzeit, damit die Psyche nicht überflutet wird, damit der Denker nicht müde wird, oder aber, damit er nicht unterfordert ist. Je nach Seelenrhythmus wird also der aufgenommene Impuls im massgeschneiderten Tempo weitertransportiert, sei dies nun ein Impuls von aussen (über die fünf Sinne) oder von innen (über die Sinne der Intuition und Inspiration). Der Thalamus, dieses wunderbare Ausgleichsorgan, liegt im Zentrum eines jeden Gehirns und ist ein Doppelorgan, das aus einem rechten und einem linken Teil besteht. Mit Hilfe von vielen, vielen Nervensträngen fungiert er als Umschaltstation und sendet die Herzensqualitäts-Gedanken direkt an die höheren Gehirnzentren. Botschaften, die eine niedrige Schwingung haben – also diejenigen des Instinkts – hält er auf, prüft sie und leitet sie nur weiter, wenn sie dem Seelenplan dienen. Gedanken der Begierde kommen hier nicht durch! Über diesen Strom wird immer die ethisch höher schwingende Möglichkeit, das eigene Leben zu bestimmen, gewählt. Mit dem Herzensdenken, mit dem Gemütsdenken lieben wir es, mit anderen Menschen zusammenzusein und achten auf das Du, auf den Mitmenschen, auf den Nächsten, beziehen ihn in unser Leben ein. Auch hier dreht sich alles noch um das individuelle Leben, allerdings bereits in einer vernetzten und erweiterten Art und Weise, nämlich in bewusster Beziehung zu anderen Lebewesen. So werden neben dem eigenen auch die Leben der Familie, der Freunde, der Nation, der eigenen Rasse wichtig.

- Im hoch vibrierenden Strom des *Geistesdenkens, das auf der höchsten Frequenz schwingt, die dem menschlichen Denken möglich ist,* hat die ganze Schöpfung Platz und die Gedanken sind kosmischen Ursprungs. Diese Energie fliesst auf den höchsten Schwingungs-Ebenen in das menschliche Gehirn und findet ihren Eintritt durch das *Grosshirn* – den «Riesen» im Kopf – hinein in die Kammern des Verstandes-Denkens, sei dies nun in die intuitive oder in die rationale. Die beiden Gehirnhälften funktionieren somit synthetisch und sind nicht mehr getrennt. Die beiden Kopfchakren (das Kronenchakra und das Stirnchakra) sind voll aktiv und die Gedanken sind universell und intelligent und schwingen im Licht. Verstand und Intuition wirken und weben in Einheit, öffnen das Tor zur Inspiration und lassen die Weisheit der Stille zu.

Das menschliche Gehirn denkt nicht, sondern ist ein Instrument zum Denken.
Gedanken sind Energie und transportieren Informationen, stammen entweder vom inneren geistigen Feuer oder entstehen durch Reflektion der universellen und planetaren Aussenwelt. Gedanken können rational, intuitiv, inspiriert oder still sein und fliessen auf einem der drei verschiedenen Ströme.

Sobald ein Gedanke gedacht ist, landet er im Gedächtnis.

Jeder Gedanke wird also abgespeichert, gelagert, schubladisiert und ist augenblicklich Vergangenheit. Jeder Raum, sei er nun materiell, biologisch, feinstofflich, alles, einfach alles hat ein Gedächtnis: das Universum, das Sonnensystem, der Planet, unsere Aura mit den Chakren, unser Gehirn, die Körperzellen in Gewebe, Organen und Knochen. Das menschliche Gedächtnis kann sich entweder auf die menschliche, auf die seelische, auf die genetische und auf die karmische Vergangenheit ausrichten oder aber auf die universelle Zugehörigkeit, auf die Sternenherkunft. Wir erinnern uns einfach an alles und jedes, mit dem wir jemals in Berührung gekommen sind, und diese Erinnerung fliesst auf einem der drei Ströme oder auf allen drei zusammen in unser Gehirn. Wir erinnern uns an unsere göttliche Natur, an den Lichtstern, an die Sonne, die wir sind, wir erinnern uns an die Stabilität, die wir haben, an die Kommunikation, die wir ausüben können, an die Freiheit in uns, an den Ausdruck in uns, an die universellen, energetischen Möglichkeiten, die uns zur Verfügung stehen. Unser Gedächtnis ist wie eine riesige Bibliothek, aus der wir alles, was wir brauchen, abrufen können. Deshalb ist es so wichtig, was für Impulse wir dem Denken erlauben, was genau wir abrufen, damit dieser Eine Gedanke immer aufbauend und göttlich ist. Dieser biologische, genetische, karmische, seelische oder universelle Gedächtnis-Raum der Aufzeichnungen registriert alles, was bereits geformt und gelebt ist. Jedes Bild, jedes Wort, jeder Duft, jede Berührung, jedes Ereignis, das ganze Wissen, zu dem wir Zugang haben, alles ist dort gespeichert, kann jederzeit aktiviert, abgerufen und dem Verstand zugänglich gemacht werden. Denn das Gedächtnis lebt, lebt auf verschiedenen Ebenen und bewahrt das Erlebte. Wie eine grosse Schatzkammer hütet es die Schätze, die nie verloren gehen. Das Gedächtnis kann man nicht verlieren, niemals, höchstens den Zugang dazu. Erinnern und Vergessen sind die beiden Torhüter und können sowohl süss als auch bitter sein.

Das physische Gehirn-Instrument ist eingeteilt in Kleinhirn, Mittelhirn (Thalamus) und Grosshirn, das umgeben und geschützt ist von der Hirnrinde, dem Kortex. Betrachten wir das Instrument Gehirn auf den feinstofflichen Ebenen, so lautet die Einteilung: Instinkt (Körperdenken), Gemüt (Herzensdenken) und Intelligenz (Geistesdenken). Der Instinkt lässt «alte» Gedanken, die Intelligenz lässt «neue» ins Instrument Gehirn fliessen und die Seele verbindet diese mit dem Herzenswissen. Gedanken wirken schöpferisch, im Gegensatz zu den Körperzellen, die das kodierte Wissen nicht schöpferisch, sondern nur informativ einsetzen können. Wenn Du dieses Buch liest, ist es an der Zeit, dass Du dem Instrument Gehirn und vor allem dem Denken mehr Aufmerksamkeit und Achtung widmest, dass Du ihm mehr Liebe schenkst, um es im Alltag universell, autonom, bewusst und in voller Kraft einsetzen zu können. Denn nur durch das Denken erwachst Du in erweitertes Bewusstsein. Das Gehirn hat seinen Sitz an der höchsten Körperstelle, nämlich im Kopf, und ist Mittler zwischen Himmel und Erde, zwischen Licht und Materie. Es ist Mittler zwischen Sensitivität und physischer Motorik, zwischen männlich und weiblich, aktiv und passiv, positiv und negativ, zwischen Vergangenheit und Zukunft, zwischen Tradition und Vision, zwischen Persönlichkeit und Seele. Da das Gehirn ein biologisches Instrument ist, ist die Funktion auch vom Geschlecht abhängig. Die Gefühle der Männer sind zum Beispiel ganz unten am Gehirnstamm platziert, so dass Männer immer etwas tun möchten, um Liebe auszudrücken. Die Gefühle einer Frau haben ihren Platz weiter oben, nämlich dort, wo sich der Gehirnstamm in die beiden Gehirnhälften teilt. Ihr Liebesbeweis an einen Mann ist die Stimme; eine Frau möchte über alles sprechen, was in den Menschen vorgeht. Denken wir ganzheitlich, dann schreiten wir gelassen durch den Alltag. Denn dann wissen wir, als Frau zum Beispiel, dass da gleichzeitig auch ein männlicher Teil im weiblichen Körper wohnt. Oder umgekehrt, als Mann wissen wir um den weiblichen Teil im Innern. Regnet es draussen, dann scheint wieder einmal die Sonne. Habe ich heute kein Geld, dann werde ich eines Tages Geld haben. Bin ich unglücklich, dann werde ich wieder glücklich sein. Bin ich oben auf der Welle, werde ich garantiert wieder im Tal landen. Tief innen wissen wir um den energetischen Ausgleich in der Polarität durch Denken und Fühlen. Es ist klug, den Verstand nicht rebellieren oder verrückt spielen zu lassen und ihm nicht die Bühne für ein Sorgendrama zur Verfügung zu stellen, wenn die Dinge schief laufen. Die Qualität der Einheit ist auch im Denken zu finden und aktiviert Wissen, dessen Quelle jenseits der Dualität liegt. Arbeiten die Gehirnhälften synthetisch, dann leben wir ein Seelenleben auf Erden und der physische Körper kann die hohe Schwingung des Lichts integrieren.

Die Seele hat Deinen Körper geschaffen, den physischen Körper, den Du bewohnst. Sie hat auch Dein Gehirn geschaffen, damit Gedanken aus nah und fern wie Wolken vorbeiziehen können. Sie lassen Dich erinnern, bewusst werden, schöpfen und informieren Dich. Manchmal sind die Wolken weiss, manchmal sind sie schwarz, aber immer ziehen sie an der Seelensonne vorbei, die in Deinem Herzen strahlt. Du bist Licht, bist ein Wesen aus Licht, ein Kind des Lichts. Und dieser Lichtfunken hat sich in das feinstoffliche Seelengefäss eingebettet, aus dem Deine Seele auf dem Planeten Erde in diese Inkarnation hinein geboren worden ist. Als Seele hast Du aus Deinem Lichtwissen heraus diese faszinierende, schillernde Energieform gestaltet – zusammen mit dem Photonenlicht des Universums, mit der Materie und den Elementen des Planeten – diese Energieform, die Du Körper nennst. Und diesen Deinen Körper formst Du mit Deinen Gedanken ständig um, jeden Tag formst Du die Knochen, die Organe, das Gewebe, das Blut neu, weil die Körper-Form nicht fest, sondern fliessend und veränderlich ist. Was für Beine hast Du Dir erschaffen? Müssen sie schnell laufen können oder harren sie im Stillsitzen aus? Und Deine Arme, wozu brauchst Du sie? Können sie schwere Arbeit verrichten oder sind Deine Hände fein und künstlerisch? Und die Haut, ist sie robust oder fein, ist sie braun, gelb, schwarz oder rosig? Alle Impulse zum Körperformen – seien sie Dir nun bewusst oder nicht – fliessen vom Gehirn durch den Gehirnstamm in die Körperzellen, von wo aus sie materialisiert werden.

Das Königreich der Gedanken ist so gross wie das Universum und jeder Gedanke lebt, schwingt, hallt nach und dauert fort. Er ist ein Strahl des Geistes und ist somit eine Wesenheit, eine vom Menschen ins Leben gerufene Wesenheit, ist ein Elementargeschöpf, das immer wieder zum Denker zurückkehrt. Manchmal schnell, manchmal sehr, sehr langsam. Elementale sind vom Denker mit Lebenskraft aufgeladen worden, so dass nicht alle gleich stark sind und gleich lange bestehen. Gedanken der Liebe, Gedanken des Hasses, Gedanken des Zornes, Vorstellungen aller Art fliessen als Elementale in den Ätherkörper der Erde und sind eine Kraftquelle für Wind und Sturm. Oder für Harmonie. Die Verantwortung der menschlichen Gedanken ist eine grosse und eine schöpferische, denn dadurch weben wir mit im Netz der ätherischen Ströme der Erde und des Universums. Um im irdischen und universellen Raum wirken zu können, verbindet sich jeder Gedanke mit einem der Elemente:

Materielle Gedanken haben das Element Erde zum Verbündeten.
Gedanken der Zuneigung das Element Wasser.
Begeisternde Gedanken das Element Luft.
Gedanken der Veränderung das Feuer.
Die Stille wird vom Element Äther genährt.

Und immer ist es nur ein Gedanke, der durch Dein Gehirn zieht, der durch einen der drei Ströme fliesst, entweder durch den Strom des Körperdenkens, durch den Strom des Herzensdenkens oder durch den Strom des Geistesdenkens. Immer ist es nur ein Gedanke auf einmal, der entweder vom Kleinhirn, vom Mittelhirn oder vom Grosshirn aufgefangen und an den Verstand weitergeleitet wird, damit Du als Mensch das Leben verstehen und einordnen kannst!

Kleinhirn

Das Kleinhirn transportiert alle unterbewussten Gedanken sowie die Impulse des Instinktes. Meistens reisen diese auf dem Strom des Körperdenkens, stammen aus der Quelle des Ich-Denkens, aus dem Ego, das den Auftrag hat, die physische Inkarnation, also den Körper, zu schützen. Das Ego will immer das Beste für die eigene Materie, hat aber nur einen beschränkten, biologischen Überblick. Es ist auf Selbsterhaltung programmiert und kämpft deshalb gegen andere. Eine wichtige Funktion des Kleinhirns ist auch, die Seele *gleichgewichtig* zu verankern, so dass wir zwischen Himmel und Erde, zwischen oben und unten, zwischen Licht und Materie und den Millionen und Abermillionen von planetarischen und universellen Impulsen unser menschliches Gleichgewicht finden. Der Instinkt sollte niemals der Hauptlieferant der Gedanken an den Verstand sein, denn mit seinen Wünschen und Bedürfnissen ist er kein ganzheitlicher Lebensberater.

Mittelhirn

Das Mittelhirn wird auch Thalamus genannt und hört auf die Impulse des Meisters auf der Brücke, hört auf das Höhere Selbst. Um diese Vermittleraufgabe gut zu lösen, verfügt der Thalamus über einen Bildschirm und es ist das Höhere Selbst der Seele, das entscheidet, was für Bilder auf diesem Bildschirm erscheinen: Sind es Bilder aus dem instinktiven Reich, sind es Bilder, die von den fünf Sinnen aus dem elektromagnetischen Feld des Planeten gespiegelt und vermittelt werden? Oder sind es Bilder, die die Seele durch die inneren Sinne (Intuition und Inspiration) aus den feinstofflichen Ebenen spiegelt, aus den hohen Lichtwelten, sind es geistige, reine, göttliche Bilder? Das Höhere Selbst wählt die Themen immer gemäss dem aktuellen Seelenplan aus und hat den Überblick über das, was für die Inkarnation im Moment das Beste ist. Doch das Niedere Selbst kämpft um ein eigenes Programm und erlaubt so Millionen von Wünschen, sich als Bild auf diesen Bildschirm zu drängen. Wir sehen etwas, das uns gefällt, möchten es sofort haben und lassen den Augensinn die entsprechenden Impulse an den Gehirnbildschirm senden. Wir wollen ein Haus, Geld, Erfolg, Partnerschaft, wir wollen unsere Ruhe haben, wir möchten Wissen besitzen und senden von der Persönlichkeit her unzählige Detail-Bilder eines Themas auf den inneren Bildschirm, meistens in rascher Reihenfolge. Entsprechen die Wünsche nicht dem Seelenplan, entfernen wir uns von der Mitte des wahren Lebens und landen in Täuschungen. Auf dem inneren Bildschirm läuft dann dauernd das Programm der Illusionen, die sich ihrer Natur entsprechend nie materialisieren. Das Höhere Selbst lässt das Niedere Selbst wie ein Kind für eine Weile gewähren und unterbricht von Zeit zu Zeit dieses Spiel, um wiederum das höhere Programm einzuschalten. Dann können auf dem Bildschirm wieder ganzheitliche Gedankenbilder und Lichtbilder entstehen, die geistige Gedanken-Kräfte in das menschliche Gehirn – und somit in den Alltag – einfliessen lassen.

Der Thalamus ist ein Doppelorgan und besteht aus einem rechten und einem linken Teil. Seine Funktion ist die einer Umschaltstation von oben nach unten und umgekehrt und er ist durch feine Fäden, durch Nervenstränge, mit dem Gross- und mit dem Kleinhirn verbunden.

Grosshirn – der Schlafende Riese

Hier findet das intelligente – nicht das intellektuelle! – Denken statt. In diesem Teil des Gehirns, mit einer rechten und einer linken Hemisphäre, schläft das ganze Universum, bis es – wie Dornröschen vom Prinzen – von unserem Bewusstsein wachgeküsst wird. Bekanntlich schläft Dornröschen hoch oben im Turm – dort, wo auch der intuitive Teil unseres Denkens schläft, nämlich am höchsten Körperplatz, dem Kopf. Das ganze Schloss ist in Tiefschlaf versunken, alles schläft, nichts funktioniert mehr. Und der Retter, der Prinz, als Symbol für die Kundalinikraft, klettert durch das Rosengewirr den Turm hoch und küsst das schlafende Dornröschen. Und sofort erwacht alles zum Leben, das ganze Schloss ist wieder in Aktion, funktioniert erneut, und zwar auf einer höheren Bewusstseinsoktave. Prinz und Prinzessin müssen zusammenkommen, müssen Hochzeit feiern und als Einheit wirken. Die Energie des Basis- und des Kronenchakras sowie der intellektuelle Verstand und der intuitive Verstand schwingen nun gemeinsam, damit sich das Tor zum Schlafenden Riesen öffnet. Durch Synthese im Denken, durch energetische Prozesse und durch Bewusstseinerweiterung schliessen sich die Gehirnhälften zusammen und lassen die Chakren höher schwingen. Die Seele fängt in unserem Gehirn an zu wirken, wirkt dort, wo das Sichtbare und das Unsichtbare zusammentreffen, wo das Stoffliche und das Feinstoffliche zünden. Sie steht als Meister auf der Brücke zwischen den beiden Gehirnhälften und ist der Torhüter zum universellen Wissen, das durch das Grosshirn einfliesst. Dadurch *erwachen wir als Mensch* ins goldene Paradies hinein, in diesen superintelligenten Raum, den wir oft in den nächtlichen Träumen, in den Meditationen und in Erleuchtungsmomenten besuchen, von dem wir aber im menschlichen Tagesbewusstsein nur etwa einen Fünftel nutzen. Falls wir noch nicht erwacht sind. Wie eine wunderschöne Blume, wie ein geschlossener Lotos, wie ein kosmisches Ei liegt er da, dieser Schlafende Riese, diese alles beherbergende Gehirnmasse. Erwachen wir, dann öffnet sich der Lotos Blatt für Blatt, in seinem ureigenen Tempo, bis hin zu den drei innersten Blättern, die Symbol für unsere Dreieinigkeit sind: Körper, Seele, Geist. Beschleunigen können wir diesen Vorgang nicht. Aber was wir tun können, sind die Vorarbeiten: Selbsterkenntnis, Arbeit an der eigenen Materie (Körper), sich freudig in der Materie ausdrücken, einen verlässlichen Seelenkontakt herstellen und dem Ganzen dienen – so dass wir in unsere Göttlichkeit hinein erwachen und als Kinder des Lichts in Frieden schöpferisch tätig sind – gemeinsam.

Das Grosshirn ist geschützt durch den *Kortex,* durch die Hirnrinde. Die Hirnrinde lässt rationale Gedanken durchfliessen und ist für die Logik im menschlichen Leben zuständig. Die Hirnrinde *ist* der Verstand, ist eine Durchgangsstation und bildet somit einen Weg nach innen, zur Höheren Intelligenz, die vom Herzen her genährt wird. Derselbe Weg führt gleichzeitig auch in die

Aussenwelt, um in der dritten Dimension mit Ideen zu weben und zu wirken, um in der Materie zu handeln. Gedanken allein bewegen noch keine Materie, dazu braucht es die Hand: Wir müssen handeln und die Ideen auch ausführen. Gedanken sind feinstoffliche Energie und durchdringen die Materie, ohne Spuren zu hinterlassen. Damit die Gedanken, die Absichten und Entscheidungen die Materie in Aktion setzen, braucht es eine Brücke von innen nach aussen, von oben nach unten. Diese Brücke sind die Gefühle und die menschliche Kraft, die die Ideen beleben und sichtbar machen. Der Verstand hat grosses Entwicklungspotential im Verschieben seines Horizontes, entweder erweitern oder verkleinern. Im Neokortex selbst passiert die Photosynthese, passiert eine Lichtaufnahme und eine Lichtzündung, ähnlich wie bei den Pflanzen. So erkennen wir, dass das Grosshirn ein Blumenhirn ist, das ständig Licht aufnimmt und uns in spirituelles Bewusstsein bringt, in Erkenntnis, in Weisheit, die über Handlungen und Worte ausgedrückt werden können, klar, einfach und im Hier und Jetzt.

Der rationale Verstand, der Intellekt, kann nicht der Herr sein. Er kann nur intellektuell, aber nicht intelligent denken. Er nennt Dir Deinen Namen, Deine Herkunft, Deine Adresse, Deine Telefonnummer, weist Dir den Weg zur Arbeit und zum Supermarkt. Ein Schleier des Vergessens hat sich bei der Geburt über die grösseren Zusammenhänge gelegt und lüftet sich erst, wenn eine seelische Notwendigkeit für Erfahrungen gegeben ist. Der Verstand gibt nur Informationen frei und ist auf der Stufe einsetzbar, die im Leben psychisch verkraftet werden kann.

Der intuitive Verstand kann auch nicht der Herr sein. Er kann nicht logisch denken.

Nur gemeinsam – intellektuell und intuitiv – lassen sie intelligentes Denken zu, das den Menschen mit dem Universum verbindet.

Schwingen Intellekt und Intuition gleich, arbeiten die beiden Gehirnhälften zusammen in Synthese, so wird das Höhere Selbst zum Bewusstseins-Führer, der das Tor zum Schlafenden Riesen öffnet, zum universellen Teil im Gehirn, der ruht und alles weiss. Es gilt also, intuitiv und rational zu denken, denn nur beides zusammen bewirkt im Menschsein – gemeinsam mit dem Herzen – die kosmische Öffnung ins Licht. Und der Weg dazu heisst fühlen und denken, heisst denken und fühlen. Falls Du nur denkst, so lerne zu fühlen. Falls Du nur fühlst, so lerne zu denken.

Du hast dasselbe Gehirn wie die Menschen um Dich herum, wie alle Menschen auf diesem Planeten: Jeder hat seinen Hirnstamm, sein Kleinhirn, sein Mittelhirn und sein Grosshirn und darin eingebettet sind die Zirbeldrüse (Epiphyse) und die Hirnanhangdrüse (Hypophyse). Aber warum denken sie denn alle verschieden, die Menschen, warum gebrauchen sie das Instrument Gehirn nicht gleich, wo liegt da der Unterschied? Jeder Mensch läuft mit seinen Beinen über den Planeten, gebraucht seine Hände zum Handeln, gebraucht seine Augen zum Sehen und die Ohren zum Hören, benutzt den Mund zum Essen und zum Sprechen. Genauso, wie er das Gehirn zum Denken benutzt. Wo liegt denn der Unterschied in all den Milliarden von gedachten Gedanken?

Der Unterschied im Denken liegt in der Quelle und in der seelischen Reife, liegt im Bewusstsein.

Das Denken zieht durch das menschliche Gehirn, die Gedanken fliessen ein und aus, ziehen weiter und sind von der Seele gesandt, die sich nach dem Licht, nach der kosmischen Intelligenz ausrichtet. Und die Persönlichkeit kann diese Gedanken nutzen und umsetzen, sollte sie nur ausführen und *nicht* selber denken. Das wiederum kann das Ego nicht akzeptieren, denn es sieht sich als grossen Denker! Aus diesem Grunde hört es schlecht zu und hier stellt sich die Frage: Werden die inneren Gedanken wahrgenommen, werden diese drei Ströme erkannt, auf denen sie reisen? Wird der inneren Stimme überhaupt zugehört? Manchmal ist ein Mensch dermassen mit dem Egodenken, also mit dem Fakten-, dem Kreisdenken und dem Diskutieren beschäftigt, dass er nach innen gar nicht zuhören kann.

Diskutiert wird nur mit dem rationalen Verstand und jede längere Diskussion ist Narkose für die innere Stimme. Der rationale Verstand befasst sich mit weltlichem Wissen, ist die Summe des Lernens von Namen, Formen, Tatsachen und Daten, damit er das biologische und mechanische Leben auf Erden verstehen kann. Der rationale Teil des Gehirns braucht ständig Futter und Beschäftigung, wobei ihm das liebste Futter alles Bekannte, alles Gewohnte sowie Informationen aus der Vergangenheit sind. Die Funktion, die ihm anvertraut ist, ist das Erfassen und das Einschätzen von dreidimensionalen, mechanischen Abläufen, wie z.B. das Überqueren einer Strasse oder das Starten der Waschmaschine. Dazu hat er sich ein Schubladensystem eingerichtet, schön säuberlich angeschrieben, damit er jederzeit und blitzschnell auf Vertrautes zurückgreifen kann. Da heisst es vielleicht: Familie, Tradition, Vergangenheit, Gesellschaft, Bildung, Technik, Gegenstände und noch vieles mehr. Trifft der rationale Verstand auf etwas, das er nicht kennt, dann probiert er zuerst, dieses «Neue» so umzuwandeln, dass es in eine seiner Schubladen passt. Gelingt ihm das nicht, dann wehrt er das «Neue» ab, ignoriert es, weicht aus oder bricht zusammen. Dringen viele «neue» Informationen auf ihn ein, dann verliert er die Kontrolle und hat Probleme. Er weiss nicht mehr, was zu tun ist, was für ihn eine Katastrophe ist, denn gemäss seiner Natur *muss* er alles wissen. In den Zeiten des Wandels, wo sehr viel «Neues» auf die Menschheit prallt, gilt es nun, «neue», moderne Schubladen einzurichten, die da heissen: Intuition, Universum, Vision, Seelenwelten, Telepathie, Teilen, Zusammenarbeit mit dem Unbekannten, Selbst-Erkenntnis. Es gilt, all diese Themen auch rational zu erfassen und das eigene Wörterbuch zu erweitern. Den Kindern, die nach dem Jahre 2000 geboren werden, fällt Flexibilität im Denken nicht schwer. Ihre Stirnlappen sind grösser und können Informationen *gleichzeitig und mehrschichtig* aufnehmen. Sie sind also klug, enthusiastischer und klarer im Bewusstsein. Klares Bewusstsein bringt reife, bestimmte und klare Gedanken hervor. Unklarheit bringt verworrene Gedanken zur Welt und gestaltet Chaos. Nach dem Gesetz der Resonanz «Gleiches zieht Gleiches an» verbinden sich Menschen vor allem mit Menschen, die ein ähnliches Gedankengut pflegen und sie so in ihrem Weltbild bestätigen. Nichtähnliches Gedankengut klingt anders, hat einen fremden Klang, ist ein fremdes Element und erreicht unser Selbst nicht immer. Denn haben wir die Wahl, ziehen wir oft Harmonie der Disharmonie vor, obschon wir nur aus der Spannung, aus der Disharmonie lernen können.

Reife Seelen suchen sich Eltern aus, die in guter Verbindung zu ihrem inneren Kind stehen, die nicht kontrollieren und manipulieren. Dadurch können sie einfach und schnell ein Gleichgewicht zwischen den Funktionen der rechten und der linken Gehirnhälfte erstellen, zwischen linear und kreativ. Dadurch können sie die unbewussten Kräfte in ihren Körpern schneller meistern und wachsen mühelos in ihre Vernunft, haben stressfähigere physische, emotionale und mentale Körper als ihre Eltern. Damit werden sie zu Lehrern für den Wandel in der Gesellschaft, der die Menschheit in eine höhere Ausdrucksform des Alltagslebens bringt. Der Erziehungsprozess kehrt sich um und die Erwachsenen, die die Kinder ins Erwachsenenleben führen und sie vor Schaden bewahren, sollten auf die Weisheit der Kinder hören. Es ist eine gute Idee, dass eine Familie regelmässig miteinander meditiert und so jeden Tag neu die Seelenenergie im Menschsein als Gruppe verankert. Da die Kinder des dritten Jahrtausends sehr gruppenbewusst vorgehen, können sie ihre Familien, die vielleicht noch den Traditionen verhaftet sind, lehren und nähren.

Durch Studieren, durch Lernen (sehr hilfreich ist alles, was in den beiden Gehirnhälften «übers Kreuz» erstellt wird, wie z.B. das Übersetzen von einer Sprache in die andere, Buchhaltung, das Arbeiten mit der Technik, mit Computerprogrammen usw.), durch Meditieren wird der rationale Verstand fähig, irdisches Wissen intellektuell *und* intelligent zu verstehen, zu koordinieren und zu gebrauchen. Der rationale Verstand sollte einfach, flexibel und gelassen funktionieren, sollte nicht rechthaberisch sein, nicht diskutieren, nicht festhalten. Diskutiert werden können nur Wissen, Tatsachen und Daten, die bereits aufgeschrieben und gelebt worden sind. Dies mag für eine Weile sinnvoll sein, um Orientierung und Sichtweisen zu «sammeln», aber nach einer Weile werden daraus Gefängnismauern für Kenner und Spezialisten. Das Leben findet nicht nur im Gedächtnis statt!

Diskutieren und Kreisdenken ist Narkose für die innere Stimme. Zuhören ist Öffnung.
Durch Licht und Meditation verbindet sich der rationale Verstand mit dem intuitiven und das Denken wird multidimensional, wird von den Höheren Quellen gespiesen.

Bevor der Schlafende Riese wachgeküsst wird, muss zuerst die Synthese des rationalen und des intuitiven Denkens erstellt sein. Denn ohne ganzheitlichen Verstand kein spirituelles Bewusstsein!

Durch Verschmelzung der Persönlichkeit mit der Seele, durch den Seelenkuss, erwacht der Schlafende Riese in Dir. Du wirst noch schöner, intelligenter, liebevoller, kontaktfreudiger, jünger, gelassener und gesünder! Und vor allem, Du bist Liebe, Dein Niederes Selbst und Dein Höheres Selbst sind das Eine Selbst, was sie schon immer gewesen sind. Denn niemals waren sie getrennt: Es kam Dir nur so vor!

Gedanken sind Energie, jeder Gedanke ist reine Energie, die auf einer bestimmten Frequenz in einer bestimmten Geschwindigkeit fliesst, entweder auf dem Strom des Körperdenkens, des Herzensdenkens oder des Geistesdenkens. Und diese Energie tritt ein in unser Gehirn, reist durch das Gehirn und tritt wieder aus. Entweder verpufft die Idee oder sie wird sichtbar, materialisiert sich. Gedanken sind feine Energiefäden, sind Energiewirbel, die stoffliche Materie aus den Elementen der Erde sowie auch aus dem Äther, aus dem feinstofflichen Universum, anziehen, um zu erschaffen. Damit gestaltest Du Dein Leben, Dein Umfeld, einfach alles! Als Baustein steht Dir vieles zur Verfügung: Licht, Ton, Farbe, Form, Zahl, Materie und Elemente. Damit Du auch weisst, was Du eigentlich die ganze Zeit über erschaffst, ist es wichtig, Dein Denken zu erforschen, diesen Einen Gedanken, der immer im Jetzt zu finden ist. Ist es ein erleuchteter Gedanke, dann stehen Dir alle Baustoffe aus allen Universen zur Verfügung. Du kannst multidimensional und mit Freude kreieren und erntest saftige Früchte. Ist es ein ängstlicher, zorniger, frustrierter, negativer Gedanke, den Du bereits 10'000 Mal gedacht hast, so kommt Dir in Deinem Leben viel Angst, Zorn, Frustration und Negativität von den andern entgegen. Denn wenn Du nicht in einer hohen Schwingung denkst, sondern in einer dichten, dann hast Du immer wieder dieselben Schmerzen, erlebst immer wieder dieselben Geschichten, dieselben Ereignisse und wunderst Dich, warum sich das nie ändert.

Ändern wir unser Denken nicht, dann ändert sich nichts.

Negative Gedanken verkleben alles. Sie verkleben die Chakren, die Blutgefässe, die Handlungen, den Alltag, die

Luft und machen alles schwer, machen das Leben klein und freudlos. Oft täuschen wir uns über uns selber, sind überzeugt, dass wir liebevoll und frei denken – doch das Leben beweist uns ständig das Gegenteil. Sich selber ins Gesicht zu sehen, ist hart, und sich selber einzugestehen, dass sich Probleme und Leid in unserem Alltagsleben präsentieren, macht wütend, hilflos und traurig. Durch Erziehung, durch Hilfe – vielleicht Therapie oder Heilung – durch Sehnsucht und Suchen kommen wir auf andere Gedanken und erkennen schlussendlich, dass wir selbstverantwortlich denken. Dann verwandeln sich die blockierten Teile in uns in intelligente Teile, die mit der Seele zusammenarbeiten und das Licht annehmen. Wir fangen an, lichtvoll zu denken und liebevoll zu fühlen! Lichtgedanken erhellen alles, durchdringen wie ein reiner Strahl das menschliche Leben und erweitern die Sicht des Lebens, bringen Wandlung in alle Schichten. Lichtgedanken sind Wir-Gedanken und durchdringen Teile in uns, die noch im Dunkeln eingeschlossen sind, die verletzt sind, die negativ sind, und sprengen sie frei, befreien sie augenblicklich, wie ein Vulkan, der Lava ausspuckt. Lichtgedanken benutzen alle drei Ströme – das Körperdenken, das Herzensdenken und das Geistesdenken – und reinigen uralte Geschichten, die sich in uns festgesetzt haben. Wenn wir in die Strudel der Befreiung eintreten, wenn die grosse Transformation stattfindet, dann ist es sehr wichtig, dass wir unser Denken immer wieder überdenken, um nicht in alte Denkmuster zurückzufallen. Intelligentes Denken bringt uns in übergeordnete Konzepte, bringt Weisheit und Verstehen und fliesst in das einheitliche, synthetische Gefäss der beiden Gehirnhälften. Wir denken eigenständig, sind keine Nachsprecher mehr und gebären uns ins Wir-Denken. Die Bruderschaften im Universum, die höheren Lichtgruppen, arbeiten nur über das Wir-Denken mit einem Individuum. Beschäftigen wir uns ausschliesslich mit dem eigenen Leben und der eigenen Erleuchtung, so können wir gar nicht an höheren Lichtkonzepten teilnehmen. Durch das Wir-Denken sind wir im Kontakt mit dem Christusprinzip, mit den feinstofflichen Gruppen, die die Welt lenken, und vor allem – wir *denken* in Liebe. Dann verwandelt sich der Druck, alles wissen zu müssen, in Vertrauen und wir wissen, dass wir in jedem Moment genau das wissen, was wir zum Leben brauchen.

Liebe im Denken, nicht nur im Fühlen, ist ein Meisterschlüssel im menschlichen Leben.

Und dabei helfen Dir die andern. Mit wem teilst Du das Leben, mit wem bist Du zusammen? Hast Du erleuchtete, positive Denker um Dich oder ist Deine Umgebung klebrig und vergiftet vom Denken der andern? Da der mentale Körper bis zu einem Meter vom physischen Körper her abstrahlt, befinden sich die Menschen ständig im Denkkörper der andern. Und so können sie oft nicht mehr unterscheiden, ob die Gedanken im Kopf die eigenen sind oder ob sie diese einfach von den andern übernommen haben. In einer Umgebung, wo positiv, fröhlich, aufbauend und beschwingt gedacht wird, fühlen sich alle wohl und freuen sich am Leben. Sind sie aber umgeben von Menschen, die ständig klagen, die immer wieder dieselben Vorwürfe ertönen lassen und die gleichen uralten Geschichten erzählen, die Kontrolle ausüben und Schuldgefühle in den andern auslösen, dann geht es ihnen schon nach kurzer Zeit nicht mehr gut. Alles, alles hat eine grosse Wirkung auf das eigene Denken, vor allem, wenn jemand sensitiv oder gar telepathisch veranlagt ist und die Energie unbewusst wie ein Schwamm aufsaugt. Besuchen wir eine grosse Stadt, dann nehmen wir aus der Aura der Stadt die abgelagerten Gedankenmuster ungefiltert auf und sind uns über das eigene Denken gar nicht mehr im Klaren. Dasselbe gilt für die Familienstruktur, die in der Familienaura bestimmte grundsätzliche Gruppen-Gedanken, wie «Wir sind etwas Besonderes», «Wir sind nichts», «Wir sind nicht sehr gesund», «Wir sind die Stärksten» und viele andere mehr gespeichert hat, die meistens vom stärksten oder vom ältesten Mitglied kontrolliert werden. Jedes schwächere Familienmitglied übernimmt diese Leitgedanken automatisch und in intensiven Lebensmomenten können diese zur eigenen Überraschung plötzlich aktiviert werden. Das sind grosse Lernfelder für uns, energetisch sowie entwicklungsmässig. Deshalb gilt es, den Verstand zu erziehen, damit er nicht fremdbestimmt funktioniert, damit er nicht Untergewicht aber auch nicht Übergewicht hat. Sonst denken wir ständig unbewusst und vergessen, dass wir Seele auf Erden mit einem eigenen, massgeschneiderten Programm sind. Auch macht fremdbestimmtes Denken sehr müde, weil die Schwingung für das Herzens- und das Geistesdenken zu dicht und nicht inspiriert ist.

Falls Du bereits am Morgen nach einer Nacht voller Schlaf müde bist, dann kann es sein, dass Du in Deinen Tagen, wenn Du wach bist, nicht eigenständig denkst.

Niedrige Gedanken bewegen sich horizontal, reisen also im irdischen Raum, und zwar immer auf derselben Schwingung, die energetisch anstrengend ist, weil sie tiefer schwingt als die eigene Seelenfrequenz, die unsere wahre Natur ist. Sie reisen im Kreis. Sind wir mit Menschen zusammen, die uns im Denken beeinflussen, dann ist ein Teil in uns selber dafür, will das so und ist damit einverstanden. Der Verstand ist einverstanden, und genau das macht ihn müde, so dass er dadurch den physischen Körper ermattet. Erleuchtete und herzliche Gedanken hingegen schwirren durch den Raum sowohl horizontal wie auch vertikal und wechseln mit Leichtigkeit die verschiedenen Ebenen, die verschiedenen Schwingungs-Frequenzen. So können wir gedanklich durch Dimensionen reisen, weit weg von der Erde. Denken wir im Licht, dann sind wir mit einem feinen weissen Faden aus dem Herzen verbunden, so dass Lichtdenken zum Liebesdenken wird und umgekehrt. Gehirn und Herz sind eins, das Herzchakra und die beiden Kopfchakren – die Krone und das Stirnchakra – schwingen in Einheit. Durch den Ätherkörper sind das Kronen- und das Stirnchakra mit dem physischen Körper verbunden, und zwar sind sie in der Zirbeldrüse und der Hirnanhangdrüse verankert. Diese beiden Drüsen sind Teil des physischen Hirnes.

Beim Eintritt in die Inkarnation bildet sich zusammen mit dem Körper ein neues Gehirn und das *menschliche* Gedächtnis erinnert sich nicht an frühere Leben, die innerhalb des Zeitrahmens existieren. Diese Erinnerungen sind – zum psychischen Schutz – verschleiert und werden erst freigegeben, wenn die Seele entsprechende Situationen kreiert. Ungefähr zwei Sekunden nach der menschlichen Zeugung wird die Zirbeldrüse (Epiphyse) im Kopf gebildet und genau so lange dauert es auch, bis sie nach dem physischen Tode wieder verfällt. Sie ist der erste und der letzte physische Berührungspunkt für die Seele. Als aktive Drüse ist sie ein Sender, sieht aus wie ein kleiner Kiefer-Zapfen und regelt den Lichtfluss – auch Prana oder Chi genannt –, der in den Körper einfliesst. Durch sie wird Licht in Klang, Farbe, Worte und Zahlen umgewandelt und dann als Gedankenimpuls in den Verstand geleitet. Die Zirbeldrüse hat die Generalaufsicht über alle Drüsen im Körper, die durch Licht aktiver werden und Stoffe ins Blutsystem ausschütten, die vorübergehend körperliche Beschwerden auslösen können. Doch diese legen sich wieder nach einiger Zeit, da der physische Körper sehr anpassungsfähig ist und seine Schwingung laufend erhöht. Die Zirbeldrüse wird sehr aktiv, wenn wir anfangen, im Alltag ein geistiges Leben zu führen und auch fähig sind, über Spiritualität zu sprechen, sie mit Worten, mit eigenen Worten, zu formulieren. Die Zirbeldrüse sendet chemische Stoffe an die Hirnanhangdrüse und beide zusammen bringen vor allem das Dritte Auge, das ein energetisches Sehorgan ist, sowie die Thymusdrüse beim Herzen in erweiterte Funktion, in eine höhere Schwingung. Das Herzensdenken findet nun statt und bestimmt den Alltag. Wir verstehen die Liebe besser, lieben offen und erweiterter, zeigen uns natürlich und denken vor allem mit Mitgefühl, und das nicht nur über unsere Familie und unsere Freunde. Wir haben keine Angst und fühlen uns sicher. Das ganze Chakra-System, das ganze endokrine System tritt in eine höhere Schwingungs-Oktave ein, es werden endokrine Stoffe in den Körper ausgeschüttet, die wissenschaftlich nachgewiesen werden können. Wir werden zum kosmischen Menschen, führen ein multidimensionales Leben auf Erden und strahlen ein kraftvolles, lichtvolles Energiefeld aus. Die Hirnanhangdrüse (Hypophyse) nimmt ihre Aufgabe als Empfangsstation immer besser wahr und schüttet ihre Hormone, acht an der Zahl, in den physischen Körper aus. Dies tut sie zyklisch, und zwar nach dem eigenen Seelenzyklus und über lange Zeitabstände hinweg, so dass nur ein jahrelanges, empirisches Forschen diese Tatsache beweisen kann. Arbeiten Epiphyse und Hypophyse zusammen, dann wachsen wir menschlich in die Fähigkeit der Telepathie hinein und unsere inneren Augen erwachen, das Dritte, das Vierte und das Fünfte Auge. Der sechste Sinn (Intuition) erweckt den siebten (Inspiration) und das Licht der Ewigkeit leuchtet im Kopf. Das Denken wechselt von endlichen zu unendlichen Erleuchtungsblitzen im Gehirn. Die Hirnanhangdrüse regelt auch die Energieumwandlung im Halschakra und die Sprache wird direkt und eigenständig. Wir plappern nicht mehr nach wie ein Papagei und hören auf zu zitieren.

Du kannst nur zitieren, was Du bereits verstanden hast. Sobald Du etwas aussprichst, sind es Deine eigenen, mit Kraft aufgeladenen Worte und somit kein Zitat mehr. Deine Worte werden konzentrierter und verfeinert, weil Deine Gedanken konzentrierter und verfeinert sind und weil Du unterscheiden kannst, ob die Quelle von aussen oder von innen «spricht».

Die Kernfrage: «Ist das nun wirklich meine innere Stimme?», ist keine Frage mehr, sondern wird zur inneren Gewissheit, dass dem so ist.

Bist Du fähig, Dich im Denken über eine längere Zeitspanne hinweg zu konzentrieren, was automatisch der Fall ist, wenn sich die inneren Augen öffnen, dann bist Du auch fähig, Dich über Worte auszudrücken, denn Du hast etwas zu sagen. Das ist gelebtes Gleichgewicht zwischen Innen und Aussen, zwischen Ideen und Worten. Wenn Du Dich als Seele, als Lichtwesen auf Erden nicht ausdrücken willst, dann brauchst Du ja auch keine Inkarnation, brauchst keinen Körper, brauchst keine Stimme, brauchst keine Zunge, um ein Zünglein an der Waage der Polarität zu sein. Wozu auch? Also sprich! Konzentration im Denken macht Dich zum Beobachter Deiner Gedanken und somit zum Lenker. Und ein Lenker kann immer unterscheiden, ob er jetzt die linke oder die rechte Strasse wählt. Die drei Gedanken-Ströme des Körperdenkens, des Herzensdenkens und des geistigen Denkens zu unterscheiden ist ähnlich wie die vielen Strömungen eines Ozeans zu erkennen, die gleichzeitig in verschiedenen Richtungen ziehen. Die Strömung an der Oberfläche mag ruhig oder schnell sein, die Wellen hoch oder klein, die Bewegung des Wassers ein Wirbel oder ein Sog. Die Strömung in der Tiefe geht aber andere Wege, wird von ganz anderen Zyklen und Rhythmen bestimmt, nämlich von kosmischen. So ist auch Dein Denken. Gedanken haben eine oberflächliche und eine tiefe Strömung, haben eine seelische Mittelströmung. Es ist die Tiefe, die Dich in die Stille bringt, die Dich an den Ursprung und somit ins Licht bringt. Symbolisch gesehen führt Dich das Wasser (die Gefühle) an tiefe Wurzeln deines Seins und Du verstehst Zusammenhänge über Dein Leben, erhältst Antworten von innen auf Deine Fragen, die sich meistens von der Oberfläche, vom Alltag her stellen.

Meditation

Visualisiere einen Ozean, schau über das endlose Wasser.
Beobachte die Oberfläche, die Strömung, die durch
Wind und Wellen entsteht, und freue Dich am Wetter.

Die Oberfläche ist wie Dein Verstand,
manchmal aufgewühlt, manchmal bewegen sich Tausende
von kleinen Wellen, manchmal herrscht Stille.

Beobachte Deinen Verstand, wie er sich jetzt
als Wasseroberfläche zeigt.

Und nun geh hinein in den Ozean, damit Du tiefer sinken
kannst.
Geh unter die Oberfläche bis hin zur Mitte des Ozeans.
Hier fliessen Strömungen, die stärker sind als diejenigen an
der Oberfläche.
Und sie fliessen in eine andere Richtung.
So funktioniert auch Dein Denken:
Auf verschiedenen Ebenen zeigen
sich verschiedene Antworten.
Und dann fängst Du an zu zweifeln und weisst
nicht, was du tun sollst.

Bitte Dein Höheres Selbst und es öffnet Dir das Tor
zur tiefen Strömung.
Geh tiefer, bis hinunter auf den Grund.
Es ist hell und lieblich. Schau Dich um.
Und die verborgene, innere Ordnung entfaltet sich nun vor Dir.

Sitze still.
Eine Frage aus Deinem Leben,
von der Oberfläche des Ozeans, taucht nun auf.
Und aus dem Grunde Deines Seins
entfaltet sich die Antwort.
Empfange sie.

Komme zurück ins Tagesbewusstsein,
tauche auf an die Oberfläche
und schreibe die Antwort auf.

Bevor Du andere fragst, bevor Du jammerst und zweifelst, konzentriere Dich nach innen, werde still, lass Dich durch die verschiedenen Strömungen sinken, vertiefe Dich. An der Oberfläche, wo die Wellen klein sind (auch wenn sie Dir hoch vorkommen, sind es halt doch nur kleine Wellen), wo Du nicht immer weisst, was wahr ist, findest Du nur logische, dreidimensionale Antworten. Vielleicht findest Du bereits in der mittleren Strömung eine Lösung, aber ganz sicher weisst Du – vom Höheren Selbst in die Tiefe geführt – auf dem Grund des Urwissens, was das Richtige, was das Wahre ist. Dieser Grund des Urwissens ist eine Ebene des Lichts, ist eine kollektive Ebene, ist ein Platz, wo Du Dich hinsetzen und konzentrieren kannst, wo Du Antworten finden wirst, die Dir und anderen helfen.

Wenn wir im Alltag Fragen haben, dann haben wir zwei Möglichkeiten (in der Polarität gibt es immer mehrere Möglichkeiten), über das Höhere Selbst, das wirkliche Selbst, über die Innere Stimme Antworten zu finden:

- Wir können die Frequenz in uns erhöhen und uns «nach oben» ausrichten mit Hilfe von Atmung, Meditation oder Konzentration, können uns mit dem Höheren Selbst verbinden und so zum direkten Kanal für die Lichtebenen werden. Allerdings müssen wir fähig sein, die hohe Schwingung auszuhalten und gleichzeitig gut zuzuhören.
- Wir können uns absinken lassen bis auf den Grund, können still, langsam und ruhig werden und uns «vertiefen». Die Antworten fallen uns zu.

Höhe und Tiefe sind dasselbe. Beides ist innen. Nur der Weg dazu erscheint uns verschieden.
Jeder Weg und jedes Tor führen ins Licht.

Jedes Mal, wenn wir eine Frage haben und eine Antwort bekommen – sei dies nun über das Höhere Selbst, über den inneren oder einen äusseren Lehrer – dann gilt es, die Antwort anzunehmen und sie zu akzeptieren. Dies gilt vor allem dann, wenn sie uns nicht gefällt, was oft der Fall ist. Denn als Mensch haben wir den feinstofflichen Überblick nicht. Der Verstand ist dann mit Ausreden schnell zur Hand – «stimmt für mich nicht, alles falsch, keine Zeit, geht nicht, kein Geld, wegen Mutter, Vater, Kindern, Gesellschaft, Gesundheit» usw. – und dann vergessen wir die Antworten wieder. Allein die Tatsache, dass wir fragen, verlangt von uns, dass wir die Antwort respektieren. Sonst dürfen wir nicht fragen! Denn Frage und Antwort sind eins, gehören zusammen und beinhalten die Lösung. Das Denken entscheidet hier, wie wir mit der Antwort umgehen, das Denken unterscheidet, ob wir den niedrigen oder den höheren Impulsen folgen, ob wir mit der Antwort leben oder ob wir sie sofort wieder vergessen.

Antworten von der Seele, von der geistigen Ebene, sind aufbauend, liebevoll, moralisch hochstehend, sind AHA-Erlebnisse und sind lebbar.

Hörst Du die Antwort und ziehst sie in Deinen Alltag, um sie auszuführen, ohne sie abzuändern, dann hast Du so schnell nicht wieder eine Frage! Denn dann gibt es für eine Weile genug zu tun!

Durch Konzentration belichtet und verfeinert sich der Eine Gedanke, der im Jetzt durch Deinen Verstand zieht.

Verfeinertes Denken erhöht die Schwingung im Körper und ist ein Zugang zu höheren Dimensionen. Denn es sind die verfeinerten Gedanken, die unser Herz erklingen lassen und den Lichtkörper aktivieren. Konzentriere Dich auf das Schöne und auf das Gute, das *heute in Deinem Alltag ist.* Dabei ist es vor allem wichtig, grobe, destruktive und negative Gedanken auszumerzen und sie nicht als den Einen Gedanken zuzulassen. Natürlich, die Liste solcher Un-Gedanken ist lang, aber wenn Du Dich auf die drei Hauptsaboteure beschränkst, dann gelingt es Dir, Dein Denksystem zu reinigen und zu verfeinern. Es sind nur drei, die für eine Weile Deine Aufmerksamkeit benötigen. Hier sind sie:

Der Gedanke des Hasses, der Kritik (Kritik ist eine intellektuelle Form von Hass).

Der Gedanke der Abhängigkeit, des Opfers.

Der Gedanke der Engstirnigkeit, der Kleinkrämerei.

Mit den Gedanken des *Hasses* vergiften wir uns selber, vergiften unser Chemiesystem, unsere Gefühle, unseren Körper. Hass und Kritik sind eine Form von falsch verstandener Liebe und brauchen sehr viel Energie. Wir haben die Wahl, uns selber und die ganze Atmosphäre um uns herum zu vergiften oder aber diese Gedanken zu verfeinern und sie in Freude, in Begeisterung und in Ekstase umzuwandeln. Kritische Gedanken sind wie Würmer, sind wie gewisse Käferarten, die an den Wurzeln der Bäume nagen, diese vergiften und sie schlussendlich zu Fall bringen. Die Bäume werden dadurch innen hohl, werden faul und ihre Krone kann das Licht nicht mehr aufnehmen. Gedanken des Hasses und der Kritik in Liebe umzuwandeln ist sehr wichtig, denn diese kommen von einem inneren, unbewussten Glaubenssystem, das uns nicht an die Liebe, sondern an die Angst glauben lässt.

Und wenn wir die Wahl haben zwischen *Abhängigkeit* oder Freiheit, dann entscheiden wir uns natürlich für die Freiheit. Aber tun wir das wirklich? Wie oft fühlen wir uns als Opfer, denken fremdbestimmt und handeln abhängig? Überall dort, wo Du Dich langweilst, aufregst, Widerstand oder Angst verspürst, denkst Du nicht frei und eigenständig, sondern fremdbestimmt. Du tust Dinge, die Du nicht tun willst, bist nur halb-herzig dabei oder gehst dauernd Kompromisse ein. Natürlich, um auf Erden in der dritten Dimension, im menschlichen Leben zu kommunizieren und miteinander auszukommen, müssen Abmachungen und Kompromisse eingegangen werden. Dies sollte aber frei-willig und nicht ab-hängig geschehen, sollte ein Impuls von der inneren Stimme sein! Irdische Abmachungen müssen eingehalten oder können so abgeändert werden, dass sich für alle Beteiligten eine gute Lösung bietet.

Ist unser Denkhorizont klein, dann haben wir nicht eine weite, sondern eine enge Stirn. Wir sind *engstirnig*! Und da sich kaum jemand selber als Kleinkrämer bezeichnet, so können das nur die andern sein. Dies ist der Denkirrtum unseres Lebens, denn meistens sind wir irgendwo eng und glauben zu wissen, wie die Dinge zu laufen haben. Und dann denken wir: «Ich weiss, wie das und das funktioniert. Der andere hat die Wahrheit nur noch nicht entdeckt!» Je gebildeter und isolierter das Verstandesdenken, je mehr Bilder über die Bildung in unserem Kopf entstehen, desto eingebildeter die eigene Sicht! Engstirnigkeit ist ein mentales Gefängnis und schliesst alle andern Menschen automatisch aus, die nicht dasselbe wie wir denken. Das Denken eines Kleinkrämers ist nicht flexibel, sondern starr, ist roboterhaft. Durch Wiederholungen und Zitate glaubt er, die Wahrheit zu wissen. Jeder Führer, jeder Diktator, jedes Familienoberhaupt tappt in diese Denkfalle und stiehlt seinen abhängigen «Untergebenen», die genau so denken müssen wie er, Energie: spirituelle Energie, Denkenergie, Geldenergie, emotionale und physische Energie. So unterhält er eine lukrative «Quelle» für «sein» System, so hat er sich eine gut funktionierende Gold-Maschine erbaut. Nur – bereits ein winzig kleiner Stein kann die grösste Maschine stoppen. Jemand, der selbständig denken kann, ist Sand im Abhängigkeits-Getriebe und wird somit zur Gefahr.

Und dazu braucht es nur einen mit dem Einen Gedanken.

Ein anderes Wort für Engstirnigkeit ist Illusion und Illusionen sind schwierig zu erkennen. Sie sind wie ein wunderschöner Garten mit einer riesigen Mauer darum, die schützt – nichts kommt herein, nichts fliesst hinaus. Alles blüht im eigenen Gedanken-Garten und die Welt ist in Ordnung, das Paradies ist vollkommen. Nur sehen wir leider nicht über die eigene Mauer hinaus und sehen die anderen Gärten, die sehr verschieden sind, kaum. Auch lassen wir nur Gleichdenkende in unseren Garten, hören nur Menschen zu, die unsere Illusion bestätigen und nähren. Und wir glauben dank der vielen Jasager um uns herum, dass wir uns unmöglich irren können! Und trotzdem – eines Tages geht etwas schief in unserem Garten, es blüht nicht mehr, Schädlinge sind eingefallen und wir brauchen dringend Hilfe, Hilfe, die nur ausserhalb der selbsterbauten Mauern zu finden ist. Und so werden wir zum Bittenden, werden wieder zum Schüler und lernen von Andersdenkenden! Gerade durch Andersartigkeit verändern wir uns und bekommen Impulse, die wir im harmonischen Heim-Garten nicht empfangen können.

Immer und immer wieder schleichen sich die drei Saboteurgedanken in unseren Verstand. Irgendwo sind wir abhängig, irgendwo vergiften wir unser System und irgendwo wiederholen wir uns im Denken, schliessen uns ab, verhalten uns elitär und engstirnig. Sind wir wachsam und weisen diesen dreien die Tür, dann entwickeln wir uns im Denken vom Sklaventum in die Freiheit. Frei denken heisst freiwillig denken, heisst intelligent, vernetzt und universell denken! Heisst zum mutigen Rahmensprenger zu werden und das Alte, das einmal neu war, wieder zu verabschieden. Und dann kann dieser Eine Gedanke entstehen und wieder verblassen, kann einziehen und wieder ausziehen und wird nicht mehr blockiert und zementiert, gehortet und verteidigt.

Die inneren Augen erwachen und sehen, die inneren Ohren hören Sphärenklänge. Durch das innere Sehen und das innere Hören erwacht der Schlafende Riese im Gehirn. Ganz langsam fängt er an, sich zu regen, macht sich bemerkbar und reagiert auf die Vorarbeiten der Prozesse von Erkenntnis und Klärung, wie zum Beispiel diese drei Übeltäter aus dem Denken zu verbannen. Oder zerstörerische Muster in den Gefühlen nicht mehr zu leben. Oder den physischen Körper zu reinigen und ihn nicht mehr zu vergiften mit «zu viel»: zu viel Essen, Nikotin, Kaffee, Alkohol, Drogen, Medikamente, Sex, Sport, Trägheit, Meditation usw.

Der Schlafende Riese duldet nur Gleichgewicht. In allem. Gleichgewicht zwischen Licht und Materie, zwischen feinstofflich und stofflich, zwischen den Chakren in der Aura und den sieben Chakren, die im physischen Körper verankert sind, zwischen Denken, Fühlen und Handeln, zwischen dem Höheren und dem Niederen Selbst. Gleichgewicht bringt Einheit. Frage Dich jeden Tag: Was ist Gleichgewicht für mich heute? Stabilität und Gleichgewicht im Denken bringen dem physischen Körper vitale Kraft, bringen den Nerven Ruhe und verfeinern das menschliche Leben.

Verfeinerung der Gedanken heisst, genau hinzuschauen und ehrlich zu werden. Denn die drei Saboteur-Gedanken können sich klein, fein und im Sonntagsgewand präsentieren, um Dich zu täuschen und in heiliger Sicherheit zu wiegen. Äusseren Schmutz, Grobheit, Dummheit oder Aggression kannst Du zum Beispiel fein und leise in Dir innen kritisieren. Denn Du bist ja tolerant, offen und meditierst jeden Tag und lehnst all dies nur «ein bisschen» ab. Du verurteilst vielleicht Verursacher von destruktivem Verhalten, dies aber mit grossem Verständnis und Mitgefühl. Ein winzig kleines Hochziehen der Augenbrauen genügt vielleicht als Kritik, mehr zeigst Du nicht. Aber der

Schlafende Riese lässt sich nicht täuschen, er sieht alles, hört alles und weiss alles, lässt polare, trennende Gedanken nicht als einheitliche durchgehen und erwacht erst gänzlich, wenn diese kleinen gedanklichen Ausrutscher nicht mehr vorkommen und eliminiert sind. Erwacht erst gänzlich zum universellen Bewusstsein in Dir, wenn Du Dich mit Deinem inneren Sein identifizierst und nicht mit dem Verstand. Wenn Du aus der Lichtquelle schöpfst, die jenseits des Verstandes liegt, jenseits der Dualität, und den Riesen mit Lichtgedanken füllst, die sich dann in rationale Formen, Pläne und Strukturen umwandeln. So denkst Du stetig in einer hohen Schwingungsfrequenz, denkst intuitiv, inspiriert und ganzheitlich und es besteht absolut keine Gefahr mehr, in polares, trennendes Denken zurückzusinken. Aus Butter wird nie mehr Milch! Intelligenz blickt nie zurück!

Sind wir noch nicht gänzlich erwacht, dann tun wir uns schwer mit der Gedankenkontrolle. Es ist ein Hin und es ist ein Her, manchmal geht es besser und dann wiederum gelingt uns nichts, aber gar nichts mehr und unsere Gedanken sind dicht, trübe, negativ, frustriert, kämpferisch, voller Wenns und Abers, voller Wünsche und vor allem – sie kreisen. Akzeptiere diese Wellenbewegung, dieses Auf und Ab im Denken, denn solange wir leben, dürfen wir nicht nachlassen, bis der Automatismus im Denken ein intelligenter geworden ist. Das ist eine Arbeit, die in uns und ohne Publikum stattfindet und die nie aufhört, bis wir die Qualität des Einen Gedankens transformiert haben. Manchmal handelt es sich nur um Minuten oder Stunden, wo wir nicht aufmerksam sind und dies erst merken, wenn wir uns energetisch in einer dichter schwingenden Ebene befinden und uns schlecht, deprimiert oder hilflos fühlen. Erst wenn es sich in den Gefühlen reflektiert, merken wir, wie wir gedacht haben. Die Insekten kommen immer wieder! Das Ungeziefer ist immer da, wenn etwas verfault. Und negative Gedanken sind verfaulende Gedanken, die sich in unserem Verstand wiederholen und einnisten wie faule Früchte in der Küche oder verwelkte Blumen in stinkendem Wasser. Entfernen wir die faulen Früchte, so verschwinden auch die Insekten. Die Materie hat ihre Gesetzmässigkeiten, denen wir in der Zeit unterworfen sind. Materie *muss* verrotten, wenn sie nicht mehr wächst oder in Bewegung ist, damit sie sich auflöst, transformiert und Neues entstehen kann. Der Verstand ist irdisch und der Eine Gedanke verrottet auch, wenn er sich dauernd wiederholt und auf der *Ebene der Materie schwingt.* Genau deshalb ist es so wichtig, dass wir höher schwingende Bilder auf unserem Bildschirm entstehen lassen, Bilder, die nähren, aufmuntern und inspirieren, nicht Bilder, die schwer sind und verfaulen. Freiwillig im Licht denken heisst, den Einen Gedanken zu kennen und nicht erst im Nachhinein festzustellen, dass er eben nicht ein lichtvoller war. Mantras helfen, meditieren hilft – Meditation ist der grösste Feind für den *rationalen* Einen Gedanken – oder die Absicht, im täglichen Leben im Bus, auf der Strasse oder in Supermärkten eine hohe Gedankenschwingung zu verströmen (der Einkaufszettel kann trotzdem noch gelesen werden ...). Da Gedanken Energie sind und jeder Gedanke seine Wirkung hat, nehmen die Menschen in der nächsten Umgebung die Botschaft auf und Freude, Kommunikation und Wohlwollen füllen den Zug, die Strasse oder den Laden. *Ein einziger*

Mensch genügt, der im Denken höher schwingt und so die anderen mit sich zieht. Warum bist nicht Du dieser eine Mensch?

Sieh das Licht im Schmutz, bis es kein Schmutz mehr ist, bis Du die Lichtidee darin erkennst und den Schmutz mit dem Herzen siehst. Dann weisst Du, warum er da sein muss und akzeptierst polare Tatsachen auf diesem Planeten.

Der Planet Erde ist sehr interessant für Seelen, die für eine Weile im menschlichen Kleid leben. Durch die Polarität ist die Bandbreite der Erfahrungen im elektromagnetischen Feld gross, und vom Höhlenmenschen bis hin zum Atomforscher hat alles nebeneinander Platz – und das gleich-zeitig! Ein riesiger Graben öffnet sich dadurch, denn ein Jäger aus einem Naturvolk im Regenwald und ein wissenschaftlicher Spezialist oder ein spiritueller Denker begegnen sich physisch wahrscheinlich nie. Aber metaphysisch, über den ätherischen Energiegürtel der Erde, sind sie in Kommunikation, was es manchmal schwierig macht, sich selber in diesem vielfältig schwingenden elektromagnetischen Feld in energetischer Mitte zu halten. Durch diese enormen Unterschiede ist es nicht einfach, den aurischen Ausgleich täglich herzustellen und manchmal sehnen wir uns zurück in harmonische Leben, die wir auf anderen Planeten oder in fernen Sternsystemen mit praktisch gleichgeschalteter Energiefrequenz für alle Bewohner erfahren haben.

Nun, Du hast die Herausforderung für ein Erdenleben angenommen und bist dafür gut ausgerüstet und auch fähig, Deine energetische Mitte zu erkennen und zu leben. Dies gelingt Dir vor al-

lem, wenn Du den Einen Gedanken kennst. Dazu ist es hilfreich zu wissen, wo Du am meisten gefährdet bist: Ist es die Vergiftung, ist es die Abhängigkeit oder ist es die Engstirnigkeit, die immer wieder Deinen Einen Gedanken beherrscht?

Die universelle Intelligenz steht Dir zur Verfügung. Immer. Jederzeit. Aber immer nur dann, wenn Du sie benötigst. Oft hast Du das Gefühl, dass Du nichts weisst und dass das Wissen in einer bestimmten Situation da ist, einfach durch Dein Denken fliesst. Aber vorher hast Du es nicht gewusst! Ist der Schlafende Riese am Erwachen, dann fängt der Verstand an, auf genau diese Art und Weise zu funktionieren. Er muss nicht mehr Millionen von Daten «wissen», im Voraus wissen, nein, er ist leer und der im Moment richtige Impuls fliesst durch ihn. Alles, was Geschichte ist, alles, was bereits erforscht ist, kann in irgendeiner Bibliothek (auch in Deiner inneren Gedächtnisbibliothek) nachgelesen und abgerufen werden, kann in irgendeiner Form aktiviert werden. Und genau darauf kannst Du vertrauen, kannst Dich auf die innere Bibliothek verlassen und somit auf die allwissende, universelle Datenbank in Deinem Schlafenden Riesen, der nicht mehr so tief schläft. Du brauchst somit keine Informationen mehr *vorher* zu empfangen, sondern erst im Jetzt, wenn die Situation *passiert*. Intuition und Inspiration, diese beiden inneren Sinne, beliefern den Verstand immer und jederzeit, wenn Du ihnen vertraust und wenn Du bewusst denkst. Der Geist ist eigentlich ein Strom von Gedanken, der durch Dein Gehirn fliesst, und wenn Deine hunderttausend Gedanken pro Tag zum Einen geistigen Gedanken werden, der auf einer hohen Frequenz schwingt, dann bist Du erleuchtet und kannst trotzdem noch rational denken.

Im Voraus brauchst Du nichts zu wissen.
Im Jetzt weisst Du alles.
Im Nachhinein verstehst Du.

Die Körper der Menschen haben während den evolutionären Vorgängen in den letzten fünfzig Jahren enorme Veränderungen erfahren. Die Intensivierung des Lichts aus dem Universum hat das Erdmagnetfeld durchdrungen und so die biologischen Rhythmen verändert. Dies wirkt sich auf die Magnetkristalle in allen Gehirnen aus, sowohl bei den Menschen wie auch bei den Bienen, den Vögeln oder den Fischen, deren Navigation sich an einem inneren magnetischen Kompass orientiert. Der innere Kompass eines Menschen ist der Geist, ist das Licht. Der Biorhythmus des Menschen selbst hat sich verlangsamt, aber die elektromagnetischen Vibrationen der Erde haben sich beschleunigt – und werden sich noch beschleunigen –, was bedeutet, dass wir alle intensiver denken und bewusster werden. Das bedeutet auch, dass wir die Zeit anders wahrnehmen, die Zeit, die uns durch den Raum bringt und die im Denken stattfindet. Die Magnetfelder des Gehirns pendeln sich langsam auf einer höheren mentalen Frequenz ein – wir würden sie die intuitive nennen – und machen uns fähig, ruhiger, weniger hektisch und zielgerichteter zu denken, von innen geführt zu denken. Wir erfahren diesen Wandel als Dimensionenwechsel in der Zeit, als neue Dichte in der geistigen Schwingung, als ver-rückte, schwierige und orientierungslose Phase, als chaotische Periode, in der nichts mehr so ist, wie es gewesen ist, in der nichts mehr auf die alte Art und Weise sicher ist. Langsam gewöhnen wir uns daran und erfahren dies als Befreiung. Unser Ego wird fähig sein, sich besser von der Materie zu lösen, sich von den Erdgittern zu lösen und auf die universellen Magnetgitter auszurichten. Wenn wir bedenken, dass die Materie dem Verstand untergeordnet ist, dass wir also das, was wir denken, auch manifestieren, so wird uns klar, dass wir in kürzester Zeit in völlig anderen gesellschaftlichen Systemen und Häusern, dass wir mit veränderten Alltagsgegenständen und Alltagsbeschäftigungen leben werden. Vor allem wachsen wir ins Bewusstsein hinein, dass jeder und jede und jedes nur ein Teil eines grösseren Ganzen ist.

Neues Denken – neues Leben!
Gedanken erschaffen die eigene Welt am Ort, im Jetzt.
Die höhere Welt existiert immer, und unsere Seele gehört dieser ewigen Welt an, auch wenn die körperliche Persönlichkeit noch nicht oder nicht mehr existiert und somit kein Gehirn vorhanden ist, das denken kann Wenn niemand hier ist, der denkt, existiert das Universum trotzdem. Deshalb stelle Lebensfragen Deiner Seele, stelle sie den Wesen in den göttlichen Lichtebenen und nicht Deinem Verstand!

Durch die Weisheit der Seele wachsen wir in multidimensionale Zusammenhänge hinein, was uns als Mensch in grössere Verantwortung bringt, was uns immer wieder auffordert, loszulassen und Neues anzunehmen. Du machst das ständig, machst es bereits, wenn Du von einem Zimmer ins andere gehst. Der eine Fuss ist in der Luft, macht den neuen Schritt, und der andere Fuss lässt erst los, wenn der vordere Fuss bereits wieder auf der Erde steht. Dadurch verlagert sich Dein Gewicht, Deine Sicht und Du fasst sicher Fuss im Neuen. Somit ist Altes loslassen und Neues erforschen immer eine sichere Sache, ist eine Erfahrung des Gleichgewichts und der Sicherheit. Dieser ewige Tanz der Veränderung findet auf allen Ebenen statt, materiell, emotional und geistig, und hat den gleichen Ablauf. Alte Gedanken loslassen – neue Gedanken zulassen, Schritt für Schritt, immer in bewusster Verbindung mit dem Einen Gedanken, bringt Dich in seelisches und geistiges Gleichgewicht. Wenn die beiden Hirnhälften zusammen schwingen und die Kopfdrüsen zusammen arbeiten, wenn empfangen und senden im Gleichschritt passieren, dann erwacht das innere Licht im Kopf, öffnet sich die 10. Tür. Der Mensch hat neun Körperöffnungen: zwei Augen, zwei Ohren, zwei Nasenlöcher, einen Mund, eine Öffnung für den Urin, eine Afteröffnung. Die zehnte Öffnung ist das Geburtstor, das bei den weiblichen Körpern auch physisch vorhanden ist, das aber bei allen Menschen im Kopf zu finden ist, damit die Geburt ins Licht stattfinden kann. Die zehnte Öffnung ist das Symbol für die Vollkommenheit im Menschsein und lässt Gedanken der Einheit zu, nicht diejenigen der Dualität. Das ist das wunderbare, strahlende Blühen eines Menschen, ist Erleuchtung, die plötzlich passiert, weil die nötige Vorarbeit gemacht worden ist. Die Füsse sind zwar immer noch auf der Erde, aber der materielle Körper schwingt höher, hat einen göttlichen Klang, ein feines silberstrahlendes Sirren und ist in stilles Licht getaucht. Die Gedanken werden telepathisch und gruppenbewusst und kreisen nicht mehr ständig um das eigene kleine Leben. Kosmische Telepathie ist Resonanz von Geist zu Geist, ist Fühlen auf Distanz, ist augenblickliches Wissen, das nicht auf das persönliche Leben begrenzt ist. Intuitive Telepathie, die vom Sonnengeflecht her gelebt wird, ist Fühlen, ist Einfühlen, ist ein physischer oder emotionaler Kontakt, ist Austausch mit Menschen, Seelen und Tieren, bringt uns in Nähe und in persönliche Erfahrungen. Das kennen wir, so sind wir es gewohnt. Aber die Menschheit als Masse wächst nun in die höhere Telepathie hinein, was die technischen Möglichkeiten wie das Internet oder die Mobiltelephone auf der materiellen Ebene sichtbar machen. Immer und jederzeit und überall erreichbar zu sein oder zu senden – das ist telepathische, kosmische Kommunikation, die auf geistiger Ebene über die Kopfchakren fliesst, die unpersönlich ist, aber persönlich empfunden wird. Die so übermittelten Botschaften sind elektrische Impulse, eingehüllt in ein grosses Kraftfeld, in ein grosses Lichtfeld, die reisen und unsere Körper durchdringen. Wenn wir bewusst mit Licht und Telepathie arbeiten, werden die karmischen Restbestände mit ihren dunklen Flecken in unseren Körpern sehr rasch erleuchtet. Das kann für eine Weile schwierig sein, weil wir an das gemütliche Musterauflösen im Rahmen der irdischen Zeit auf der psychologischen Ebene gewöhnt sind.

Und wie wachsen wir nun in die Kunst der Telepathie hinein? Indem wir lernen, zu empfangen und zuzuhören, bevor wir senden.

Zauberlehrlinge fliegen immer auf die Nase. Mit psychischer Energie herumzuexperimentieren, ohne die geistigen Schritte zu machen, ist gefährlich. Das universelle

Wissen der Menschheit ist – obwohl im Herzensfeuer gehütet – im Denken erst in den Anfangsstadien und ist am Erwachen. Die grossen Lichtmeister der Energie sind unsere Lehrer und senden Informationen durch unser Grosshirn, wecken dort das Paradigma der Einheit, der Lichtideen des Teilens und des Verbindens in den Körperzellen, die Lichtideen, mit denen wir die Gesellschaftssysteme und das Zusammenleben neu regeln können, inspirieren die Wissenschaft und die Künstler und bereiten den Boden für die unpersönliche Liebe vor. Zuhören, inneres Zuhören, heisst, das goldensilbrige Chakra – eine Synthese des Kronenchakras und des Stirnchakras – zu erstellen und die Funktion der dazugehörenden Drüse, der Hypophyse, zu verstehen. Die Hypophyse mit ihrer empfangenden Fähigkeit über verschiedene Frequenzen, sei es nun über die Schwingung des Instinkts oder die Schwingung der Inspiration. Und dann kann die Energie der Zirbeldrüse, der Epiphyse, mit ihrem Silber, mit dem Licht und seinen Informationen, in die empfangende Hypophyse einfliessen.

Auf welcher Ebene willst Du zuhören? Auf der Gewohnheitsebene, der Instinktebene oder auf der universellen Ebene, der Lichtebene?

Vielleicht kennst Du die wunderschöne Geschichte von Herkules, dem Löwenbändiger. Herkules' Aufgabe war, den Löwen zu bändigen, der in der Höhle mit zwei Eingängen lebte. Oder zwei Ausgängen, je nachdem, wie Du es betrachtest. Er ging nicht sofort in die Höhle, nicht, bevor er tief nachgedacht hatte. Und bevor er in die Höhle eindrang, mauerte er zuerst den anderen Eingang zu. So konnte der Löwe nicht flüchten und musste kämpfen. Und der Sieger war, wie wir wissen, Herkules. Unsere empfangende Drüse, die Hypophyse, hat auch zwei Eingänge, hat einen Zugang vom Kleinhirn her, wo persönliche Wünsche und Vorstellungen zum Mittelhirn fliessen und zum Einen Gedanken werden können. Der andere Zugang ist ein Kanal für die Impulse vom Grosshirn her. Der Löwe ist Symbol für die Persönlichkeit, für das Niedere Selbst, und Herkules steht für das Höhere Selbst, für die Seele. Auch wir müssen für eine Weile den einen Zugang zuschliessen, nämlich den vom Kleinhirn her, damit nicht ständig die Gedanken des Hasses, der Kritik, des Wünschens, der Kleinkrämerei, der Engstirnigkeit, der Abhängigkeit zum Einen Gedanken werden. Wir müssen ihnen klar und bestimmt mitteilen: «Nein, mit diesem Gehirn nicht mehr, Eure Zeit ist abgelaufen.» Und wir müssen ziemlich lange Wache halten, ein paar Jahre sicher, denn diese unbewussten Geister sind hartnäckig. Die eigenen Schwächen im Denken zu bändigen braucht Aufmerksamkeit. Genau genommen müssen wir den Zugang nur für diese selbstfabrizierten Gedanken zuschliessen, denn die überlebenswichtigen Gedanken, die den biologischen Körper mitsteuern, sind immer zugelassen. Aber die versperren und verschmutzen auch nicht den Bildschirm im Kopf, sondern tun nur ihre Arbeit. Konzentrieren wir uns für eine Weile ganz bewusst auf die höheren Gedanken, auf die Lichtgedanken, auf die Gedanken der Einheit, der Gemeinsamkeit, dann werden wir langsam aber sicher zum klaren Denker, zum göttlichen Mitdenker, zum schöpferischen Denker, zum telepathischen Denker.

Aussen abschalten (ausser bei mechanischen Abläufen) und innen einschalten. Dies ist der Sprung vom Intellekt in die universelle Intelligenz. Der Intellekt ist nicht mehr der Herr, sondern der Diener.

Nun sind wir auf einmal intelligent, sehen universelle Zusammenhänge, verstehen sie durch eigenes Nachdenken, sehen mehr, hören mehr und wissen. Das mühsame lineare Lernen hat ausgedient. Denn alles, was uns interessiert, lernen wir nun schnell. Vorher waren wir vielleicht gebildet, aber nun sind wir intelligent. Auf einen Schlag verstehen wir unsere Doppelnatur Mensch/Seele und haben keine Probleme mehr damit. Das Leben macht plötzlich Spass und die Energie des Universums steht uns zur Verfügung, vierundzwanzig Stunden pro Tag. Das Leben ist interessant, und mühelos werden wir kreativ, entwickeln Sinn für die kosmische Ordnung, sind selbstverantwortlich und sind Wissenschaftler des Lichts, der Farben, der Töne, der Zahlen und der geometrischen Formen. Das goldene Chakra, die goldene Mitte, führt uns auf den königlichen Weg im Menschsein, den königlichen Weg der multidimensionalen Bildung, führt uns von der Unwissenheit, der Dunkelheit ins Wissen, ins Licht. Die Synthese der beiden Gehirnhälften lässt uns weise und liebevoll Mensch sein, lässt uns gleichzeitig ein Logiker und ein Mystiker sein, ein rationaler und ein intuitiver Mensch, lässt uns exakt und chaotisch sein, lässt uns die Tradition achten und die innere Vision schauen. Das Licht, das immer schon im Herzen gestrahlt hat, strahlt nun auch im Kopf. Aus allen Richtungen tauchen Menschen mit der Frage auf: «Wie machst Du das, führe uns, lehre uns!» Und weil intelligentes, universelles Wissen niemandem gehört, geben wir gerne weiter, und zwar in genau der Art und Weise, wie wir sind. Vielleicht können wir nährende Häuser bauen. Vielleicht Strassen. Vielleicht sind wir Künstler oder sind im Gesundheitswesen tätig, vielleicht in der Politik, vielleicht interessiert uns die Technik oder die Natur.

Intelligente Menschen erleuchten die Gesellschaftssysteme durch ihre telepathischen Fähigkeiten. Sie bereiten den irdischen Boden für die jungen Seelen vor und hüten das Kollektiv.

Die kosmische Telepathie ist das Geburtsrecht der Kinder des Lichts auf Erden, ist ein Echo der Lichtwelten. Wir brauchen keine Beweise und Erklärungen mehr, sondern wir wissen. Die erste telepathische Kommunikation ist diejenige mit dem Höheren Selbst – direkt, in beiden Richtungen. Dann öffnen sich Kommunikationskanäle für die Verbindung mit Lichtwesen, mit Lichtgruppen und mit anderen Seelen ganz von selber. Kosmische Telepathie hat eine Reihe von Merkmalen, durch die wir erkennen können, ob die Quelle der Botschaft eine reine ist. Ganz wichtig ist, dass tief im Herzen eine innere Zustimmung erfolgt, dass ein «Ja» erklingt, eine Freude aufwallt, dass die Annahme im Herzen passiert. Der Verstand sagt vielleicht: «Das ist völliger Unsinn, das geht nicht», aber das Herz meldet: «Obschon es vielleicht im Alltagsleben im Moment nicht logisch ist, fühlt es sich tief in mir innen gut an.» Ein anderes wichtiges Merkmal ist, dass durch die kosmische Telepathie nur Informationen fliessen, die verbinden. Nicht solche, die uns von anderen Menschen im Herzen trennen, auch wenn es vielleicht heisst, eine Situation loszulassen. Das zugrunde liegende Prinzip ist immer das göttliche Einheitsprinzip, das hier auf Erden das gültige Paradigma ist. Alle stammen aus der gleichen Quelle, jede Rasse, jedes Geschlecht, jede Religion, jede Gruppierung. Im Innersten sind alle gleich. Ein weiteres Kennzeichen ist die Freiwilligkeit, dass wir also das, was wir hören, auch freiwillig umsetzen. Dies geht nur, wenn die Grundbedürfnisse, die das Überleben betreffen, abgedeckt sind, wenn keine Bedürftigkeit den menschlichen Alltag bestimmt und ein «Mehr», ein aufbauendes und gruppenverbindendes Mehr an Arbeit möglich sind.

Der Verstand muss klar sein für die Telepathie, muss sich den höheren Konzepten hingeben. Telepathische Gedanken sind elektrische Impulse, die in ein strahlendes Kraftfeld eingebettet sind und blitzschnell sind, nein, schneller als ein Blitz, als das Licht sind. Sie durchdringen unser ganzes Sein, durchdringen alle Körper, alle Chakren, das Rückgrat mit seinem weissen Mysterium – dem Merkurstab – in uns. Begeisterung, Enthusiasmus und zugleich eine tiefe Freude, ein feines Wahrnehmen sind Merkmale der Dynamik der Telepathie. Der zarte Faden der Verbindung reisst sofort ab bei Negativität, bei Unglücklichsein, bei elektromagnetischen Störungen des irdischen Wetters, also bei Sturm. Der zarte Faden reisst auch ab beim «falschen» planetaren Ort, das heisst bei einem Platz auf der Erde, mit dem die eigenen Körperenergien nicht kompatibel sind. Auch ist eine «schwierige» menschliche Umgebung nicht förderlich, denn dann sinkt die eigene Schwingung und die Verbindung kann nicht gezündet werden.

Beschränkungen gibt es nicht. Höchstens jene, die wir selber erschaffen.

Erst wenn die Auswirkungen des neuen Bewusstseins im Kollektiv sichtbar sind, haben sich die spirituellen Entwicklungsprozesse von Einzelindividuen auf Erden zum Alltagsgebrauch verankert. Das ist kollektives Erwachen, ist geistiges Erwachen in der materiellen Welt, ist das Erblühen des Schlafenden Riesen im Gehirn eines jeden Suchenden in die universelle Intelligenz. Und es funktioniert nur gemeinsam.

Kann das Gehirn mit Hilfe des eigenen Gehirns verstanden werden? Nein, denn das eigene System erkennt sich nicht, ist betriebsblind. Antworten kommen nicht vom Gehirn selber. Dazu braucht es Spiegel, braucht es den einen reinen, kosmischen Spiegel und dazu braucht es irdische Früchte, die aufzeigen, was wir denken. Und dazu braucht es das Bewusstsein des Einen Gedankens.

Schwingt dieser Eine Gedanke auf einer hohen Frequenz, dann wird er zum göttlichen Lichtauge, das durch Dich wirkt, das sieht und gleichzeitig ausstrahlt. Das zweifache Auge ist erwacht und wird zum einen. Der Riese im Gehirn schläft nicht mehr und alle Augen sind weit geöffnet: das universelle Auge, das Auge des Vertrauens, das Auge der Gelassenheit, das Auge der Demut, das Auge der Barmherzigkeit, das Auge des Muts und der Tapferkeit. Das innere Licht leuchtet in Deinem Kopf.

Meditation

Du hast zwei Gehirnhälften.
Und wie alle Menschen auf Erden hast Du
eine Vorliebe für die eine:
entweder für die rationale oder für die intuitive.
Das ist gut so!
Aber es ist wichtig, dass Du die andere Gehirnhälfte
nicht vernachlässigst, sondern aktivierst.
Beide Hemisphären schwingen in gleichen Wellen:
aktiv/passiv, positiv/negativ, dynamisch/rezeptiv.
So werden sie eins.

Das Licht fliesst durch Dich,
Millionen und Millionen von Kristallsternen
fliessen durch Dich.
Du stehst unter einer Dusche
aus Kristalllicht, geniesse es.

Atme ein und aus in Deinem Rhythmus.
Betrachte Dein Gehirn, das wie eine
goldene Schale in Deinem Kopf ruht.
Ein Kleinod im Kopf, eingehüllt
in zartes Rot, Lavendel und Silber.
Leise summend.
Auch Dein Herz ist eine Schale,
eine grosse, goldene Schale, weit.

Bitte nun den Engel der Reinheit, Dich einzuhüllen
in reine, klare Lichtenergie.
Fühle den Lichtmantel, den er um Dich legt.

Du bist geschützt,
Du bist aufgehoben,
Du bist genährt.

Der Engel führt Deine physischen Hände
an die Seiten des Kopfes.
Du hältst nun dieses Kleinod in Deinen Händen,
dieses goldene Gehirn, dieses wunderbare Gefäss.
Zart, liebevoll.
Nun ziehst Du deine Hände auseinander und
machst sie weit. Dein Gehirn wird gross,
so gross wie Deine Arme reichen.
Immer noch hältst Du das goldene Gefäss in Deinen Händen,
zart, leuchtend.

Es fliesst nun Licht in Deine Gehirn-Schale. Die
Hände braucht es nicht mehr, lege sie in Deinen Schoss.
Und Dein Gehirn dehnt sich weiter aus, weiter und weiter,
dehnt sich ins Universum aus.
Und Du bleibst im Gleichgewicht.
Der Schlafende Riese in Dir regt sich und fängt an
zu erwachen …
Er hat viel Platz zum Blühen, wie eine wunderbare Blüte
öffnet er sich.
Der Schlafende Riese in Dir ist wach.

Und die Blüte ist so gross, dass sie im Einklang
mit dem Universum schwingt, dass sie
im Einklang mit der Seele schwingt,

mit all Deinen Körpern.
Du bist der Meister Deiner Energien.
Du bestimmst, wann genug ist, wann das Gehirn
die richtige Grösse hat.

Modelliere das Blumenhirn auf die richtige Grösse,
so dass es Dir im Alltag wohl damit ist und Du Deine
Gedanken lenken und handhaben kannst.

Nimm einen tiefen Atemzug,
bewege die Glieder,
öffne die physischen Augen
und sei da im Hier und Jetzt.

Elisabeth Bond
Spirituelle Lehrerin und Heilerin, Malerin und Autorin. Ihre transformative Lichtarbeit gilt der inneren Entwicklung der Menschen und dem Aufwachen der Menschheit ins universelle Bewusstsein.
Internationale Seminar- und Vortragstätigkeit.

Elisabeth Bond in der Reihe «Dimensionen»:

Vision – Tor zum Licht
48 Seiten, ISBN 3-906786-60-9

Symbole – Lichtvolle Zeichen
48 Seiten, ISBN 3-906786-61-7

Die Kunst der Kommunikation – In Harmonie und Licht
56 Seiten, ISBN 3-906786-62-5

LichtAll im Tag – AllTag im Licht
56 Seiten, ISBN 3-906786-63-3

Geld – Irdische Form für himmlischen Fluss
56 Seiten, ISBN 3-906786-64-1

Partnerschaft – Gemeinsam ins Licht
56 Seiten, ISBN 3-906786-65-X

Polarität – Der dichte und der lichte Pol
64 Seiten, ISBN 3-906786-66-8

Energie – Urkraft aus dem Quell des Lichts
56 Seiten, ISBN 3-906786-67-6

Träume – LichtRäume
56 Seiten, ISBN 3-906786-69-2

Die Meisterzelle – Weisheit im Körperlicht
64 Seiten, ISBN 3-906786-68-4

Persönliche Meisterschaft – Gelebte Spiritualität
64 Seiten, ISBN 3-906786-71-4

Der Schlafende Riese erwacht – Licht im Gehirn
64 Seiten, ISBN 3-906786-72-2

Meditations-CD's von Elisabeth Bond:

Träume – LichtRäume
Meditationen zum Buch
45 Minuten, ISBN 3-906786-70-6

Lichtmeditationen
Für eine spirituelle Lebensführung im Alltag
50 Minuten, ISBN 3-906786-17-X

Von Engeln berührt
Meditation
52 Minuten, ISBN 3-906786-19-6

Der Ruf
Auf Klängen reisen
43 Minuten, ISBN 3-906786-21-8

Lichtfamilie
Geführte Meditationen
55 Minuten, ISBN 3-906786-20-X

Von Elisabeth Bond sind weiter erschienen:

Die Sprache des Lichts
Irdisches Handbuch für die Kinder des Lichts
280 Seiten, ISBN 3-9520854-7-2

Die Antwort im Wort
Das vielschichtige Wörterbuch
300 Seiten, ISBN 3-906786-03-X

Vortragskassetten von Elisabeth Bond:

So innen wie aussen
So oben wie unten

86 Minuten, ISBN 3-906786-00-5

Von der Raupe zum Schmetterling
Bewusstseinsfamilien, Menschenfamilien, Seelenfamilien

88 Minuten, ISBN 3-906786-01-3

Der Tanz der Pole
Das Instrument Zeit auf Erden

81 Minuten, ISBN 3-906786-02-1

Innere und äussere Freiheit
Das Gesetz des Handelns in der Materie

81 Minuten, ISBN 3-906786-07-2

Wandel und Transformation ins Jahr 2001
Den Ruf der Seele hören

83 Minuten, ISBN 3-906786-08-0 (vergriffen)

Dimensionen
Engel

83 Minuten, ISBN 3-906786-13-7

Körperlicht – Lichtkörper
Vision

84 Minuten, ISBN 3-906786-15-3

Das Aurafeld des Menschen
Das Aurafeld der Nationen

85 Minuten, ISBN 3-906786-16-1

Persönliche Meisterschaft
Energie

99 Minuten, ISBN 3-906786-23-4